RESIDÊNCIA PEDAGÓGICA EM MATEMÁTICA E OS DESAFIOS EM MEIO A PANDEMIA

Coleção Relatos de Si

Géssica Alves Dias
Gabriel Araújo Freitas
Marcos Roberto da Silva
Leysdimar Borges Pereira Zuliani

Editora IGM
2022

Dados Internacionais de Catalogação na Publicação (CIP)

D541r

Dias, Géssica Alves.

Residência pedagógica em matemática e os desafios em meio a pandemia / Géssica Alves Dias; Gabriel Araújo Freitas; Marcos Roberto da Silva; Leysdimar Borges Pereira Zuliani. Coleção Relatos de Si. Volume: 5. Goiânia: IGM, 2022.

38 p. : il. ; 14 cm

ISBN: 978-65-80508-58-7

1. Educação. 2. Tecnologias. 3. Robótica. 4. Matemática I. Título

CDU: 37
CDD: 370

Sumário

Introdução 4
Resultados e Discussão 14
Considerações Finais 29
Referências 32

Introdução

No decorrer do curso de Licenciatura em Matemática da Universidade Estadual de Goiás - Câmpus Sudoeste, Sede Quirinópolis, durante uma participação no Programa Federal de Residência Pedagógica - CAPES, devido a pandemia do Covid-19 e com a limitação das aulas presenciais, houve a necessidade de utilizarmos um novo método para o processo de ensino-aprendizagem de conceitos matemáticos, utilizando assim as aulas remotas como um desafio e um ponto de partida para novas experiências de aprendizagem.

O nosso primeiro desafio foi o ensino remoto, pois tivemos que nos adequar a um novo meio de realizarmos nossas reuniões para as discussões sobre cada atividade que estaríamos desenvolvendo.

Neste contexto, utilizamos o *WhatsApp* (aplicativo de troca de mensagens e comunicação em áudio e vídeo via internet), para criarmos um grupo e assim podermos organizar cronogramas, e o Google *Meet* (serviço de comunicação por vídeo desenvolvido pelo Google).

A realização dos nossos encontros on-line e a distribuição da elaboração de forma compartilhada das atividades durante os módulos I, II e III.

Em meio as ações e práticas desenvolvidas no módulo I, realizamos as regências no formato de vídeos com a explicação de conteúdos e correções das atividades que foram apresentadas no grupo de sala de aula dos alunos da escola-campo.

As regências realizadas durante o projeto de intervenção pedagógica com o uso de robótica, bem como os materiais produzidos (criação de um cenário inventivo explorando o círculo trigonométrico), compartilhado com os alunos.

Com a criação de dez problemas inventivos em relação ao vídeo do *mundo inventivo*, produção de um artigo científico, participação do 1º (primeiro) seminário interno da residência pedagógica (RP), participação do XVII Seminário de Ensino, Pesquisa e Extensão (SEPE), e dá escrita do relato de experiência do módulo I, totalizamos assim 138 (cento e trinta e oito) horas que foi a quantidade de horas determinadas pelo programa.

No módulo II foram realizadas observações das aulas, invenção do *mundo inventivo* explorando os conceitos relacionados aos conteúdos de Geometria plana e espacial, gravação do vídeo, e posteriormente a invenção de 10 (dez) problemas inventivos em relação ao vídeo proposto.

Apresentação no seminário da Universidade Estadual de Goiás (UEG), plano de aula para as regências, onde elaboramos 20 (vinte) situações-problemas, regências no formato de vídeos com a explicação de conteúdos e correções das atividades que foram apresentadas no grupo de sala de aula dos alunos.

Também foi produzido a escrita coletiva de um artigo relacionado a experiência com o uso da robótica, atualizamos o relato de experiência do módulo I colocando as atividades desenvolvidas no módulo II, completando assim as 138 (cento e trinta e oito) horas.

Já no módulo III finalizamos a escrita coletiva do artigo relacionado a experiência com robótica, apresentamos o trabalho intitulado "Educação Matemática Inventiva: Geometria plana e espacial utilizando a robótica", no VIII Congresso de Ensino, Pesquisa e Extensão da UEG; participei como ouvinte no XVIII Semana Acadêmica de Matemática (SEMAT); apresentamos o trabalho de RP intitulado "Matemática e os desafios em meio a pandemia" no XVII

Seminário de Ensino, Pesquisa e Extensão (SEPE) – Quirinópolis.

Realizamos as observações e planejamos os planos de aula para a escola-campo, fizemos cerca de 20 (vinte) aulas por meio de vídeos para as regências e finalizamos este presente relato de experiência, unindo com os relatos feitos nos módulos anteriores, completando assim 138 (cento e trinta e oito) horas.

Vale ressaltar que os projetos de extensão "Matemática com Robótica" e o projeto de pesquisa "EMIR: Educação Matemática Inventiva com Robótica", possibilitou utilizarmos a robótica, com o intuito de provocar algumas noções básicas do conteúdo "Círculo Trigonométrico" no módulo I e Geometria Plana e espacial no módulo II.

O que foi desafiador na realização deste projeto foi a produção de um *mundo inventivo* para cada conteúdo, desenvolvendo uma Proposta Educacional de Matemática com o uso de robótica na perspectiva da *Educação Matemática Inventiva* (EMI) (SILVA, 2020; SILVA & SOUZA JR. 2019, 2020a, 2020b).

Nesse sentido, Silva (2020) descreve sobre a utilização da Robótica sob a visão da EMI, o que possibilita uma mudança nos métodos de ensino, com a invenção de um cenário inventivo, no qual os objetos e os sujeitos fariam parte desse mundo, provocariam novas experiências de aprendizagem e a atenção dos alunos em um ensino inovador em sala de aula.

Com embasamento neste trabalho entre outros (DA SILVA et al., LOPES SILVA et al., COSTA et al., NASCIMENTO et al., LEÃO et al., ALVES et al., FERNANDES et al.) foram construídos de maneira coletiva.

Com a execução do projeto por meio de aulas remotas, a nossa indagação seria se: *A utilização da robótica no processo de ensino-aprendizagem, provocou novas experiências de aprendizagem tanto aos residentes pedagógicos quanto aos alunos da educação básica?*

Resultados e Discussão

O desenvolvimento desse trabalho teve como alicerce as concepções da EMI, que demanda o uso da Robótica no ensino da matemática.

Vale ressaltar que o projeto é ligado à Universidade Estadual de Goiás (UEG) - Campus Sudoeste sede Quirinópolis, projeto elaborado na Residência Pedagógica (RP) no ano de 2020 (dois mil e vinte), com participação de 24 (vinte e quatro) residentes, 3 (três) preceptores das escolas-campo, alunos das escolas-campo e o professor orientador.

Gravamos um vídeo para representar o cenário inventivo e as perguntas dos problemas inventivos foram empenhadas e realizadas em uma aula de matemática em uma turma da 2ª (segunda) série do ensino médio do Centro de Ensino em Período Integral Independência (CEPI) durante período de 50 (cinquenta) minutos.

Para desenvolvermos o vídeo do *mundo inventivo* foram necessários encontros de forma remota pela plataforma Google *Meet*, onde coletivamente decidimos quais os objetos e como seria o nosso encontro presencial e definimos que apenas dois integrantes do grupo se encontrariam para a construção do cenário inventivo e gravação do vídeo.

O primeiro encontro presencial foram apenas dois acadêmicos (escolhidos pela turma devido ao Covid-19) e o professor orientador, montamos o mundo inventivo do círculo trigonométrico e fizemos a gravação do vídeo.

O segundo encontro foi realizado na UEG onde utilizamos objetos com formatos geométricos que continham no laboratório de matemática.

Os cenários inventivos foram materializados em uma lona branca, o caminho ao qual o robô irá transitar foi feito com fita isolante e para gravação do vídeo utilizamos o *smartphone*.

Figura 1: Robô seguidor de linha.

Fonte: Os autores.

Os materiais que usamos para a montagem do *mundo inventivo* foram: o robô, fita isolante, lona branca, objetos em mdf representando elementos do nosso dia a dia, e objetos em formatos geométricos, canetão na cor vermelha.

O robô utilizado para transitar no cenário inventivo foi o seguidor de linha, ao qual é capaz de percorrer através de marcações. Para fazermos as marcações usamos fita isolante na cor preta, assim o robô conseguiria identificar o caminho e transitar com mais facilidade.

O canetão usamos para demarcarmos os ângulos, radianos e a divisão dos quadrantes. Os objetos colocamos para identificar a posição dos ângulos.

O *smartphone* utilizamos para fazermos a filmagem e para edição do vídeo feito durante a montagem do mundo inventivo, onde foi utilizado o aplicativo *Inshot*[1].

Figura 2: Cenário inventivo (módulo I)[2].

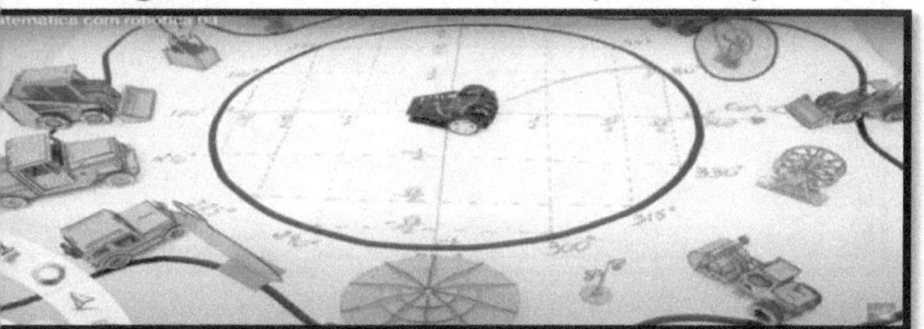

Fonte: Os autores.

---

1 É um aplicativo profissional para fazer vídeos.

Vale ressaltar que só seria possível responder tais questões ao explorar o vídeo apresentado.

Figura 3: Cenário inventivo (módulo II)[3].

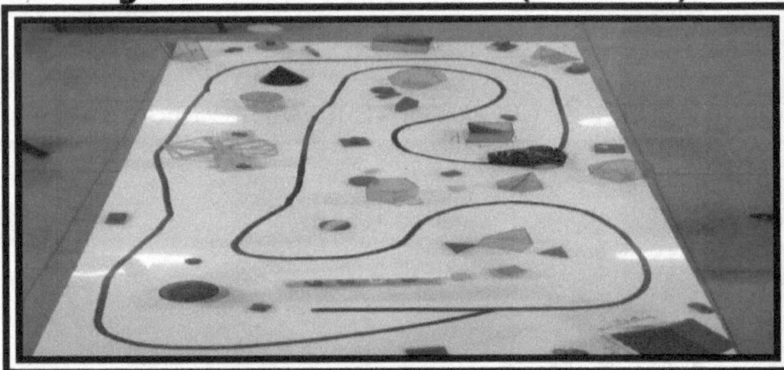

Fonte: Os autores.

Após o vídeo estar pronto, novamente de maneira remota elaboramos as perguntas

3 Disponível em: <https://www.youtube.com/watch?v=70yQW3MHN5Y>. Acesso em 5 jan. 2022.

que iriamos desferir em aula. Cada grupo ficou responsável de desenvolver 9 (nove) perguntas para o conteúdo relacionado ao ciclo trigonométrico.

Figura 4: Situações-problemas.

PROPOSTA DE APRENDIZAGEM EM MATEMÁTICA COM O USO DE ROBÓTICA

Professor Orientador: Marcos Roberto da Silva

Professor(a) Preceptor(a) do Colégio Independência: Dulcinéia Freitas Garcia

Residentes Pedagógicos: Géssica Alves e Maria Isabela

Série: 2ª ano A. Data: 19/ 11 /2020.

1) Hoje vamos participar de uma experiência diferente de aprendizagem em matemática com o uso da robótica em um mundo inventivo, desse modo, vamos começar nossa experiência assistindo ao vídeo disponível em:

https://www.youtube.com/watch?v=CVF03rL6qpE&t=14s. Após assistir o vídeo invente um nome para o robozinho e também para o mundo inventivo:

Nome do robozinho:______________________________

Nome do mundo inventivo:______________________________

Agora com base no vídeo que você assistiu responda:

2) Quando o robozinho está passeando, aos 15 segundos do vídeo ele passa em frente a dois namoradinhos. Ao lado de qual ângulo no ciclo trigonométrico esses namoradinhos se encontram?

3) Quando o robozinho passa pelos namoradinhos, podemos observar que o ângulo que ele se situa é um ângulo notável, sendo assim, qual é o seno desse ângulo?

4) Ainda com referência ao momento em que robozinho encontra-se ao lado dos namoradinhos, identifique qual o cosseno desse ângulo?

5) O robozinho continua passeando e em exatamente 7 segundos ele passa em frente a um objeto, qual é esse objeto? Ao lado de qual ângulo esse objeto se encontra?

6) O robozinho está à procura de um objeto que está no terceiro quadrante e seu seno é $-\frac{1}{2}$. Qual é esse objeto? Esse objeto está ao lado de qual ângulo? Qual é o cosseno desse ângulo?

7) Agora é a sua vez, com base na sua experiência relacionada ao uso da robótica na aprendizagem de matemática, invente um probleminha relacionado ao deslocamento do robozinho no mundo inventivo presente no vídeo que você assistiu.(Sugestão.: Use o nome do robozinho e do mundo inventivo que você inventou no item 1).

8) Compartilhe o probleminha que você acabou de inventar na questão anterior com pelo menos três pessoas diferentes (colegas, pais, vizinhos e etc.) e veja se eles conseguem respondê-los. Caso eles não consigam responder seu probleminha, chegou a hora de ajudá-los mostrando seus conhecimentos matemáticos de trigonometria.

9) Comente o que você achou da nossa experiência de aprendizagem em matemática com o uso da robótica. Aproveite esse momento para deixar possíveis sugestões em relação a produção de novas experiências de aprendizagem com o uso de robótica.

Fonte: Os autores

Já no módulo II foram inventadas 10 (dez) perguntas para o conteúdo de geometria plana e espacial de forma que engajasse os discentes em respondê-las coletivamente.

Figura 05: Problemas inventivos.

PROPOSTA DE APRENDIZAGEM EM MATEMÁTICA COM O USO DE ROBOTICA

Professor Orientador: Marcos Roberto da Silva

Professor(a) Preceptor(a) do Colégio Estadual Dr. Onério Pereira Vieira

Residentes Pedagógicos: Géssica Alves, Jaqueline Lima, Karen Gomes e Nasbia Lopes.

1) Hoje vamos aprender de forma diferente, com o uso da robótica em um mundo inventivo, desse modo, após assistir ao vídeo disponível em https://www.youtube.com/watch?v=bkdIz89r_oY invente um nome para o robozinho e também para o mundo inventivo:

Nome do robozinho:____

Nome do Mundo Inventivo:______________________________________

Agora responda com base no vídeo que você assistiu responda:

2) Nos 48 segundos o nosso amigo robô passa ao lado de um poliedro. Dê o nome, a quantidade de vértices, faces e arestas desse poliedro.

3) Aos 27 segundos o robozinho passa de frente a uma casa, calcule a área da base dessa casa.

4) Aos 30 segundos de vídeo o robozinho passa por um poliedro de Platão, classifique-o e calcule sua área da base, área lateral e total, e volume.

5) No vídeo o robô passa ao lado de uma figura geométrica espacial que não é um poliedro, pois não possui vértices e arestas. Qual figura é essa?

6) Calcule a área e volume da figura da pergunta anterior.

7) Em um determinado momento o robozinho passa ao lado de uma pirâmide quadrangular. Encontre a área da base e o volume dessa pirâmide.

8) O próximo objeto encontrado pelo robozinho é um prisma hexagonal: Qual seu volume máximo? Durante a chuva o hexágono encheu até o meio de água, calcule o volume de água nesse momento.

9) Em um certo momento robozinho passa por um paralelepípedo, identifique o objeto e resolva: Qual seu volume máximo? Após uma grande chuva o recipiente em forma de retângulo, encheu de água até a altura de 5m, calcule a quantidade de água nesse momento.

10) Agora é a vez de vocês compartilharem como foi essa experiência para você com a turma e após utilizem os conhecimentos adquiridos nessa aula e inventem um problema relacionado ao deslocamento do robô.

OBRIGADA PELA PARTICIPAÇÃO!!!!

Fonte: os autores

Depois da conclusão de todas as atividades que seriam utilizados com os alunos, atividades estas que foram criadas e aperfeiçoadas nos encontros do programa residência pedagógica, utilizamos destes juntamente com os alunos da 2ª (segunda) série do ensino médio, do Colégio Independência de forma remota, utilizando o aplicativo Google *Meet* pois no módulo II e III não foi possível apresentarmos, presencialmente, aos alunos o nosso trabalho de Geometria plana e espacial ainda por conta da pandemia do Covid-19.

Figura 6: Apresentação dos colaboradores e da atividade

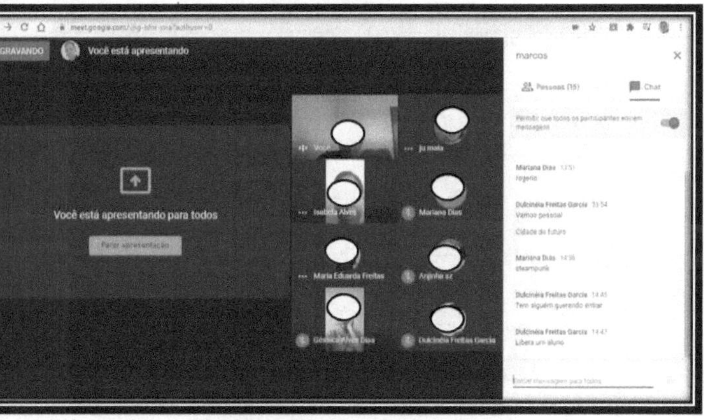

Fonte: Os autores.

A apresentação da proposta ocorreu por meio da plataforma Google *Meet*, foi disponibilizado o link da aula no grupo de estudos da escola-campo a qual foi aplicada a proposta.

Este link deu acesso aos alunos, para entrarem na sala virtual onde demos início à nossa aula, apresentamos o vídeo do *mundo inventivo* disponibilizado via YouTube, compartilhamos a tela para que todos presente pudessem acompanhar.

Do mesmo modo apresentamos o documento a qual continha os problemas inventivos, que logo posteriormente respondemos coletivamente.

Os alunos prestaram bastante atenção a tudo que continha no vídeo, cada movimento, objetos, espaço entre outros, que ajudaria na resolução dos problemas e logo após resolvemos juntos com eles cada problema relacionado ao conteúdo do Círculo Trigonométrico.

Por ter sido o nosso primeiro trabalho apresentado, foi de grande retorno tanto para os alunos quanto para os residentes.

Já o trabalho de Geometria plana e espacial, através das ações e de cada desafio que foram aparecendo durante o desenvolvimento da nossa proposta educacional, nos sentimos confiantes de que foi recíproco o nosso retorno, mesmo que haja falhas, já seremos gratos por todo aprendizado para a nossa formação como futuros professores.

Considerações Finais

Observarmos ao longo da pesquisa, que com a pandemia da Covid-19 e as aulas limitadas sendo transmitidas de modo remoto, houve desafios os quais tivemos que nos adaptar para desenvolvermos nossas ações durante a participação dos módulos I, II e III no Programa Federal de Residência Pedagógica - CAPES.

Neste sentido, realizamos os projetos de robótica educacional de maneira que os alunos compreendessem e se engajassem em participar de todas as outras atividades relatadas.

Ao indagarmos se "a utilização da Robótica no processo de ensino-aprendizagem, provocou novas experiências de aprendizagem tanto aos residentes pedagógicos quanto aos alunos do ensino básico?", percebemos que foram significativas as experiências produzidas pelos residentes, com a utilização da robótica na perspectiva da EMI.

Nossas produções provocaram o interesse e o aprendizado dos estudantes de uma maneira diferente das aulas tradicionais, isso fez com que houvesse uma aproximação com os residentes pedagógicos.

Portanto, a nossa participação como residentes pedagógicos enriqueceu nossas experiências de aprendizagem como professores em formação, mesmo não tendo o contato presencial com o ambiente escolar.

Referências

Alves, G. H., da Silva, M. R., Freitas, G. A., & Silva, S. C. P. (2022). TC6 ENSINAR MATEMÁTICA DE UMA FORMA DIFERENTE. ***Anais do Seminário de Ensino, Pesquisa e Extensão do Câmpus Sudoeste, 1, 103-111.***

Costa, K. G., da Silva, M. R., Freitas, G. A., Garcia, D. F., & Zuliani, L. B. P. (2022). TC5 EDUCAÇÃO MATEMÁTICA INVENTIVA: PRODUZINDO PROPOSTAS EDUCACIONAIS DE MATEMÁTICA. ***Anais do Seminário de Ensino, Pesquisa e Extensão do Câmpus Sudoeste, 1, 93-102.***

de Oliveira Nascimento, E. M., da Silva, M. R., Freitas, G. A., & Silva, S. C. P. (2022). TC1 APRENDIZADO PEDAGÓGICO EM PERÍODO DE PANDEMIA: UMA EXPERIÊNCIA

EDUCACIONAL COMO RESIDENTE DE MATEMÁTICA NA UNIVERSIDADE ESTADUAL DE GOIÁS. ***Anais do Seminário de Ensino, Pesquisa e Extensão do Câmpus Sudoeste, 1, 59-66.***

da Silva, M. P., da Silva, M. R., Freitas, G. A., & Garcia, D. F. (2022). TC9 INTERVENÇÃO PEDAGÓGICA COM ROBÓTICA NO PROGRAMA FEDERAL RESIDÊNCIA PEDAGÓGICA. ***Anais do Seminário de Ensino, Pesquisa e Extensão do Câmpus Sudoeste, 1, 129-136.***

dos Santos Leão, M., da Silva, M. R., Freitas, G. A., & Garcia, D. F. (2022). TC12 RELATO DE EXPERIÊNCIA: EDUCAÇÃO MATEMÁTICA INVENTIVA COM ROBÓTICA. ***Anais do Seminário de Ensino, Pesquisa e Extensão do Câmpus Sudoeste, 1, 152-159.***

Fernandes, D. M., da Silva, M. R., Freitas, G. A., & Garcia, D. F. (2022). TC3 EDUCAÇÃO MATEMÁTICA INVENTIVA COM ROBÓTICA EM TEMPOS DE PANDEMIA. ***Anais do Seminário de Ensino, Pesquisa e Extensão do Câmpus Sudoeste, 1, 76-83.***

SILVA, Náabis Lopes et al. TC4 EDUCAÇÃO MATEMÁTICA INVENTIVA: GEOMETRIA PLANA E ESPACIAL UTILIZANDO A ROBÓTICA. **Anais do Seminário de Ensino, Pesquisa e Extensão do Câmpus Sudoeste**, v. 1, p. 84-92, 2022.

SILVA, M. R., SOUZA. JR., A. J. O uso da robótica na perspectiva da educação matemática inventiva. **ETD - Educação Temática Digital**, 22(2), 406-420. 2020a. https://doi.org/10.20396/etd.v22i2.8654828. Disponível em: <encurtador.com.br/hyT07>. Acesso em: 12 mar. 2022.

SILVA, M. R., SOUZA. JR., A. J. Educação Matemática Inventiva: interfaces entre universidade e escola. Revista de Ensino de Ciências e Matemática (REnCiMa), v. 11, p. 212-224, 2020b. DOI: https://doi.org/10.26843/rencima.v11i3.2463. Disponível em: <encurtador.com.br/insDX>. Acesso em: 07 fev. 2022.

SILVA, M. R. Experiência com robótica educacional no estágio-docência: uma perspectiva inventiva para formação inicial dos professores de matemática. 2020. 252 f. Tese (Doutorado em Educação) – Universidade Federal de Uberlândia, Uberlândia, 2020. DOI: https://doi.org/10.14393/ufu.te.2020.222. Disponível em: https://repositorio.ufu.br/handle/123456789/29034. Acesso em: 30 jan. 2022.

SILVA, M. R., SOUZA. JR., A. J. Educação Matemática Inventiva: fruto de uma pesquisa com o uso de robótica no estágio-docência. In: XIII ENEM - Encontro Nacional de Educação Matemática. 2019. Cuiabá-MT. Portal de eventos - sbem / Mato Grosso. Disponível em: https://www.sbemmatogrosso.com.br/eventos/index.php/enem/2019/paper/view/681 Acesso em: 30 jan. 2022.

SILVA, M. R. Matemática com Robótica: propostas de aprendizagem com interação virtual. Coleção Educação Matemática Inventiva. Livro Híbrido, volume: I. Goiânia: IGM, 2021. 25 p. Disponível em: <https://clubedeautores.com.br/livro/matematica-com-robotica>. Acesso em 27 mar. 2022.

SILVA, M. R. Matemática com Robótica: propostas de aprendizagem com interação virtual. Coleção Educação Matemática Inventiva. Livro Híbrido, volume: II. Goiânia:

IGM, 2021. 25 p. Disponível em: <https://clubedeautores.com.br/livro/matematica-com-robotica-iii>. Acesso em 27 mar. 2022.

SILVA, M.R. Matemática com Robótica: propostas de aprendizagem com interação virtual. Coleção Educação Matemática Inventiva. Livro Híbrido, volume: III. Goiânia: IGM, 2021. 25 p. Disponível em: <https://clubedeautores.com.br/livro/matematica-com-robotica-ii>. Acesso em 27 mar. 2022.

RESIDÊNCIA PEDAGÓGICA EM MATEMÁTICA E OS DESAFIOS EM MEIO A PANDEMIA (DIAS, et al.)

www.ingramcontent.com/pod-product-compliance
Lightning Source LLC
LaVergne TN
LVHW041301150826
845673LV00008B/2679

* 9 7 8 6 5 8 0 5 0 8 5 8 7 *